D0215510

Recubrimientos del cuerpo

Plumas

Cassie Mayer

Heinemann Library
Chicago, Illinois

Photo research by Tracy Cummins and Erica Newbery
Designed by Jo Hinton-Malivoire
Translation into Spanish produced by DoubleO Publishing Services
Printed and bound in China by South China Printing Company
10 09 08 07 06
10 9 8 7 6 5 4 3 2 1

Library of Congress Cataloging-in-Publication Data
Mayer, Cassie.
    [Feathers. Spanish]
    Plumas / Cassie Mayer.
        p. cm. --   (Recubrimientos del cuerpo)
    Includes index.
    ISBN 1-4034-8613-1 (hb - library binding) -- ISBN 1-4034-8619-0 (pb)
    1.   Feathers--Juvenile literature.   I. Title.
    QL697.M4318 2006
    598.147--dc22

                                                                                2006020479

Acknowledgments
The author and publisher are grateful to the following for permission to reproduce copyright material:
Corbis pp. **4** (rhino, Royalty Free), **7** and **8** (Theo Allofs), **10** (Tim Davis), **11** and **12** (W. Wisniewski/zefa), **15** (Stuart Westmorland), **16** (Kennan Ward), **20** (Kevin Dodge), **13** and **14** (Michael & Patricia Fogden), **18** (Royalty-Free); Flpa p. **22** (flamingo, L Lee Rue and owl); Getty Images pp. **6** (Campbell), **9** (Van Os); Getty Images/Digital Vision pp. **4** (cheetah), **5**, **23** (kingfisher); Getty Images/PhotoDisc pp. **4** (lizard and snail), **17**, **23** (peacock feathers); Nature Picture Library p. **22** (wood pecker, Dave Watts).

Cover photograph of macaw feathers, reproduced with permission of Gulin/Getty Images. Back cover image of peacock feathers reproduced with permission of Getty Images/PhotoDisc.

Special thanks to the Smithsonian Institution for its help with this project.

Every effort has been made to contact copyright holders of any material reproduced in this book.
Any omissions will be rectified in subsequent printings if notice is given to the publisher.

Contenido

pelaje

caparazón

escamas

piel

Los animales tienen recubrimientos del cuerpo. Los recubrimientos del cuerpo protegen a los animales.

plumas

Las plumas son un recubrimiento del cuerpo.
Las aves tienen plumas.

Hay distintos tipos de plumas.

Las plumas pueden ser largas.
¿Qué ave es ésta?

Esta ave es un águila.
Las plumas lo ayudan a volar.

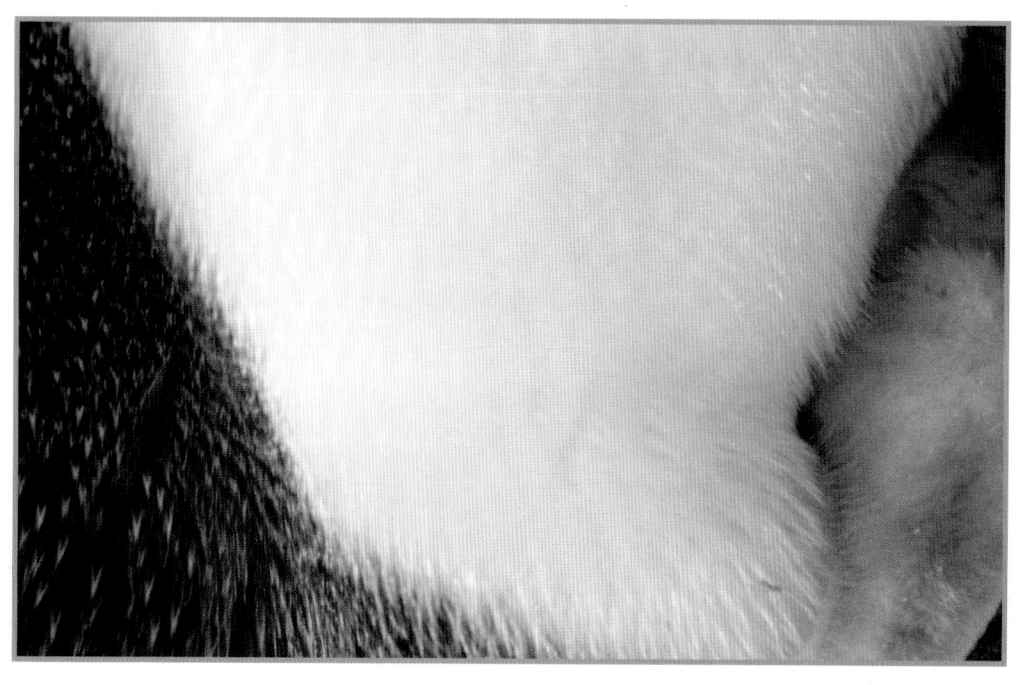

Las plumas pueden ser cortas.
¿Qué ave es ésta?

Esta ave es un pingüino.
Los pingüinos no pueden volar.

Las plumas pueden ser suaves.
¿Qué ave es ésta?

cría de búho nival

Esta ave es una cría de búho nival.
Sus plumas cambian mientras crece.

Las plumas pueden ser duras.
¿Qué ave es ésta?

Esta ave es un colibrí.
Vuela sin moverse de lugar, como un
helicóptero.

14

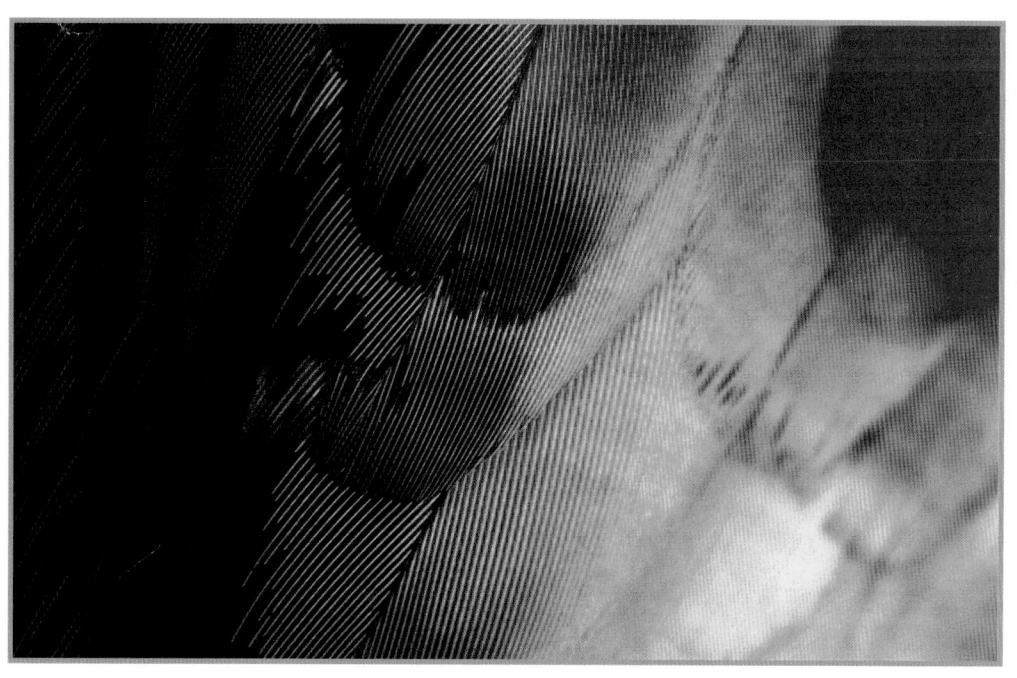

Las plumas pueden ser de colores brillantes.
¿Qué ave es ésta?

Esta ave es un guacamayo.
Sus plumas lo ayudan a esconderse.

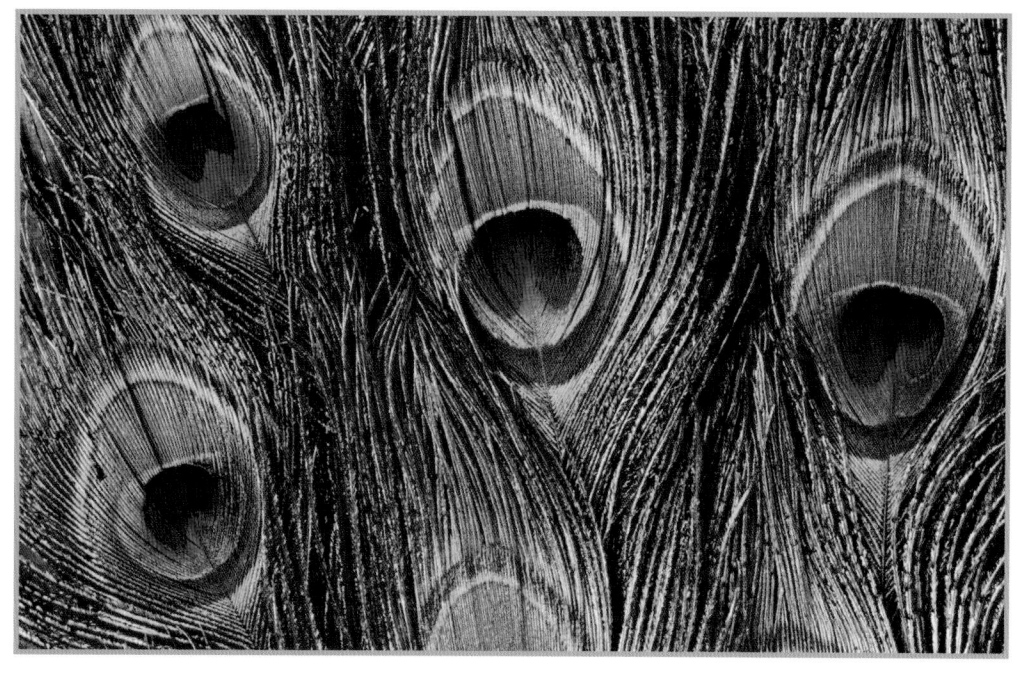

Las plumas pueden tener patrones.
¿Qué ave es ésta?

Esta ave es un pavo real.
Puede abrir sus plumas como un
abanico.

Y tú, ¿tienes plumas?

¡No! Tú no tienes plumas.
Tienes piel.

¿Qué pasaría si tuvieras plumas?
¿Cómo serían tus plumas?

Plumas: datos divertidos

Los búhos tienen plumas suaves para volar silenciosamente.

El color de las plumas de los flamencos viene del alimento que comen.

Los pájaros carpinteros usan las plumas de su cola para apoyarse en los árboles.

Glosario ilustrado

 **pluma** un tipo de recubrimiento del cuerpo que sólo tienen las aves

 **patrón** una forma o un color que se repite una y otra vez. Los patrones ayudan a algunos animales a esconderse.

Índice

Nota a padres y maestros

En este libro los niños exploran las características de las plumas y descubren una variedad de animales que las usan como protección. Las pistas visuales y la pregunta repetitiva "¿Qué ave es ésta?", al proporcionarles una estructura predecible, animan a los niños a aprender información nueva. El texto ha sido elegido con la ayuda de un experto en lecto-escritura para conseguir que los lectores principiantes lean satisfactoriamente, bien de forma independiente o con un apoyo mínimo. Para que el contenido sea interesante y acertado se ha consultado a científicos.

El libro termina con una pregunta abierta que anima a los niños a relacionar el material con sus vidas. Use esta pregunta, bien de forma oral o escrita, para desarrollar el pensamiento creativo y evaluar la comprensión. También puede reforzar las destrezas de lecto-escritura en textos de no ficción ayudando a los niños a usar la tabla de contenido, el glosario ilustrado y el índice.